Mijn tweetalige prentenboek

Min tvåspråkiga bilderbok

Sefa's mooiste kinderverhalen in één bundel

Ulrich Renz • Barbara Brinkmann:

Slaap lekker, kleine wolf · Sov gott, lilla vargen

Voor kinderen vanaf 2 jaar en ouder

Cornelia Haas • Ulrich Renz:

Mijn allermooiste droom · Min allra vackraste dröm

Voor kinderen vanaf 2 jaar en ouder

Ulrich Renz • Marc Robitzky:

De wilde zwanen · De vilda svanarna

Een sprookje naar Hans Christian Andersen

Voor kinderen vanaf 5 jaar en ouder

© 2024 by Sefa Verlag Kirsten Bödeker, Lübeck, Germany. www.sefa-verlag.de

Special thanks to Paul Bödeker, Freiburg, Germany

All rights reserved.

ISBN: 9783756304219

Lezen · Luisteren · Begrijpen

Slaap lekker, kleine wolf
Sov gott, lilla vargen

Ulrich Renz / Barbara Brinkmann

Nederlands　　tweetalig　　Zweeds

Vertaling:

Jonathan van den Berg (Nederlands)

Katrin Bienzle Arruda (Zweeds)

Luisterboek en video:

www.sefa-bilingual.com/bonus

Gratis toegang met het wachtwoord:

Nederlands: **LWNL2321**

Zweeds: **LWSV2831**

Goedenacht, Tim! We zoeken morgen verder.
Voor nu slaap lekker!

God natt, Tim! Vi fortsätter att leta imorgon.
Sov nu så gott!

Buiten is het al donker.

Det är redan mörkt ute.

Wat doet Tim daar?

Vad gör Tim där?

Hij gaat naar de speeltuin.
Wat zoekt hij daar?

Han går ut till lekplatsen.
Vad är det han letar efter?

De kleine wolf!

Zonder hem kan hij niet slapen.

Den lilla vargen!

Han kan inte sova utan den.

Wie komt daar aan?

Vem är det nu som kommer?

Marie! Ze zoekt haar bal.

Marie! Hon letar efter sin boll.

En wat zoekt Tobi?

Och vad letar Tobi efter?

Zijn graafmachine.

Sin grävmaskin.

En wat zoekt Nala?

Och vad letar Nala efter?

Haar pop.

Sin docka.

Moeten de kinderen niet naar bed?
De kat is erg verwonderd.

Måste inte barnen gå och lägga sig?
Undrar katten.

Wie komt er nu aan?

Vem kommer nu?

De mama en papa van Tim!
Zonder hun Tim kunnen zij niet slapen.

Tims mamma och pappa!
Utan deras Tim kan de inte sova.

En er komen nog meer! De papa van Marie.
De opa van Tobi. En de mama van Nala.

Och nu kommer ännu fler! Maries pappa.
Tobis morfar. Nalas mamma.

Nu snel naar bed!

Nu skyndar vi oss i säng!

Goedenacht, Tim!
Morgen hoeven we niet meer te zoeken.

God natt, Tim!
Imorgon behöver vi inte leta mer!

Slaap lekker, kleine wolf!

Sov gott, lilla vargen!

Cornelia Haas • Ulrich Renz

Mijn allermooiste droom

Min allra vackraste dröm

Vertaling:

Gino Morillo Morales (Nederlands)

Narona Thordsen (Zweeds)

Luisterboek en video:

www.sefa-bilingual.com/bonus

Gratis toegang met het wachtwoord:

Nederlands: **BDNL2321**

Zweeds: **BDSV2831**

Mijn allermooiste droom

Min allra vackraste dröm

Cornelia Haas · Ulrich Renz

Nederlands   tweetalig   Zweeds

Lulu kan niet slapen. Alle anderen zijn al aan het dromen – de haai, de olifant, de kleine muis, de draak, de kangoeroe, de ridder, de aap, de piloot. En het leeuwenwelpje. Zelfs de beer heeft moeite om zijn ogen open te houden ...

Hé beer, neem je me mee in je dromen?

Lulu kan inte somna. Alla andra drömmer redan – hajen, elefanten, den lilla musen, draken, kängurun, riddaren, apan, piloten. Och lejonungen. Även björnen kan nästan inte hålla ögonen öppna ... Du björn, kan du ta med mig in i din dröm?

En zo bevindt Lulu zich in berendromenland. De beer is vissen aan het vangen in Meer Tagayumi. En Lulu vraagt zich af: wie woont daarboven in de bomen?

Wanneer de droom voorbij is, wil Lulu nog meer beleven. Kom mee, laten we de haai bezoeken! Wat zou hij nu dromen?

Och med det så finner sig Lulu i björnarnas drömland. Björnen fångar fisk i Tagayumisjön. Och Lulu undrar, vem skulle kunna bo där uppe i träden? När drömmen är slut vill Lulu uppleva ännu mer. Följ med, vi hälsar på hajen! Vad kan han drömma om?

De haai speelt tikkertje met de vissen. Eindelijk heeft ook hij vrienden! Niemand is bang voor zijn scherpe tanden.

Wanneer de droom voorbij is, wil Lulu nog meer beleven. Kom mee, laten we de olifant bezoeken! Wat zou hij nu dromen?

Hajen leker tafatt med fiskarna. Äntligen har han vänner! Ingen är rädd för hans spetsiga tänder.

När drömmen är slut vill Lulu uppleva ännu mer. Följ med, vi hälsar på elefanten! Vad kan han drömma om?

De olifant is zo licht als een veertje en kan vliegen! Hij staat op het punt om te landen in de hemelse weide.

Wanneer de droom voorbij is, wil Lulu nog meer beleven. Kom mee, laten we de kleine muis bezoeken! Wat zou zij nu dromen?

Elefanten är lika lätt som en fjäder och kan flyga! Snart landar han på den himmelska ängen.

När drömmen är slut vill Lulu uppleva ännu mer. Följ med, vi hälsar på den lilla musen! Vad kan hon drömma om?

De kleine muis is naar de kermis aan het kijken. De achtbaan vindt ze het leukste.
Wanneer de droom voorbij is, wil Lulu nog meer beleven. Kom mee, laten we de draak bezoeken! Wat zou hij nu dromen?

Den lilla musen är på ett tivoli. Mest gillar hon berg- och dalbanan. När drömmen är slut vill Lulu uppleva ännu mer. Följ med, vi hälsar på draken. Vad kan hon drömma om?

De draak heeft dorst van al het vuurspugen. Hij zou graag het hele limonademeer leegdrinken.

Wanneer de droom voorbij is, wil Lulu nog meer beleven. Kom mee, laten we de kangoeroe bezoeken! Wat zou zij nu dromen?

Draken är törstig av att ha sprutat eld. Hon skulle vilja dricka upp hela sockerdrickasjön.

När drömmen är slut vill Lulu uppleva ännu mer. Följ med, vi hälsar på kängurun! Vad kan hon drömma om?

De kangoeroe springt door de snoepfabriek en vult haar buidel. Nog meer gummibeertjes! En drop! En chocolade!
Wanneer de droom voorbij is, wil Lulu nog meer beleven. Kom mee, laten we de ridder bezoeken! Wat zou hij nu dromen?

Kängurun hoppar genom godisfabriken och stoppar sin pung full. Ännu fler av de blåa karamellerna! Och ännu fler klubbor! Och choklad!
När drömmen är slut vill Lulu uppleva ännu mer. Följ med, vi hälsar på riddaren. Vad kan han drömma om?

De ridder is bezig met een taartgevecht met de prinses van zijn dromen.
Oeps! De slagroomtaart gaat ernaast!
Wanneer de droom voorbij is, wil Lulu nog meer beleven. Kom mee, laten we de aap bezoeken! Wat zou hij nu dromen?

Riddaren har tårtkrig med sin drömprinsessa. Oj! Gräddtårtan missar! När drömmen är slut vill Lulu uppleva ännu mer. Följ med, vi hälsar på apan! Vad kan han drömma om?

Eindelijk is er sneeuw gevallen in Apenland. De hele groep apen is door het dolle heen. Het is een echte apenkooi.
Wanneer de droom voorbij is, wil Lulu nog meer beleven. Kom mee, laten we de piloot bezoeken! Wat zou hij nu dromen?

Äntligen har det snöat i aplandet! Hela apgänget är helt uppspelta och gör rackartyg.

När drömmen är slut vill Lulu uppleva ännu mer. Följ med, vi hälsar på piloten! I vilken dröm kan han ha landat i?

De piloot vliegt verder en verder. Naar het einde van de wereld en nog verder, helemaal tot aan de sterren. Geen andere piloot heeft dat ooit gedaan. Wanneer de droom voorbij is, is iedereen al heel moe en willen ze niet meer zo veel beleven. Maar toch willen ze het leeuwenwelpje nog bezoeken. Wat zou zij nu dromen?

Piloten flyger och flyger. Ända till världens ände och ännu längre, ända till stjärnorna. Ingen pilot har någonsin klarat av detta tidigare.

När drömmen är slut så är alla väldigt trötta och känner inte för att uppleva mycket mer. Men lejonungen vill de fortfarande hälsa på. Vad kan hon drömma om?

Het leeuwenwelpje heeft heimwee en wil terug naar haar warme, knusse bed.
Dat willen de anderen ook.

En daar begint ...

Lejonungen har hemlängtan och vill tillbaka till sin varma mysiga säng.
Och de andra med.

Och där börjar …

... Lulu's allermooiste droom.

... Lulus
allra vackraste dröm.

Ulrich Renz • Marc Robitzky

De wilde zwanen
De vilda svanarna

Vertaling:

Christa Kleimaker (Nederlands)

Narona Thordsen (Zweeds)

Luisterboek en video:

www.sefa-bilingual.com/bonus

Gratis toegang met het wachtwoord:

Nederlands: `WSNL2121`

Zweeds: `WSSV2831`

Ulrich Renz · Marc Robitzky

De wilde zwanen

De vilda svanarna

Een sprookje naar

Hans Christian Andersen

+ audio   + video

Nederlands　　tweetalig　　Zweeds

Er waren eens twaalf koningskinderen – elf broers en een grote zus, Elisa. Ze leefden gelukkig in een prachtig kasteel.

Det var en gång tolv kungabarn—elva bröder och en storasyster, Elisa. De levde lyckliga i ett underbart vackert slott.

Op een dag stierf hun moeder en een poosje later trouwde de koning opnieuw. Maar de nieuwe vrouw was een boze heks. Ze toverde de elf prinsjes om in zwanen en stuurde ze naar een vreemd land heel ver weg, aan de andere kant van het grote bos.

En dag dog modern, och efter en tid gifte sig kungen på nytt. Men den nya kvinnan var en elak häxa. Hon förtrollade de elva prinsarna så att de blev svanar och skickade dem långt bort till ett fjärran land bakom den stora skogen.

Ze kleedde het meisje in vodden en smeerde haar een zalfje op het gezicht dat haar zo lelijk maakte dat zelfs haar eigen vader haar niet meer herkende en haar uit het kasteel verjaagde. Elisa rende het donkere bos in.

Flickan klädde hon i trasor och smörjde in henne med en ful salva i ansiktet så att den egna fadern inte längre kände igen henne och jagade bort henne från slottet. Elisa sprang in i den mörka skogen.

Nu was ze helemaal alleen, en verlangde in het diepst van haar ziel naar haar verdwenen broers. Toen de avond viel maakte ze onder de bomen een bed van mos.

Nu var hon helt ensam och längtade efter hennes försvunna bröder med hela sitt hjärta. När det blev kväll bäddade hon en säng av mossa under träden.

De volgende ochtend kwam ze bij een stille vijver en schrok ze toen ze daarin haar eigen spiegelbeeld zag. Maar nadat ze zich had gewassen, was ze het mooiste koningskind onder de zon.

Nästa morgon kom hon fram till en lugn sjö och blev förskräckt när hon däri såg sin spegelbild. Men efter att hon hade tvättat sig var hon det vackraste kungabarnet på jorden.

Na vele dagen bereikte Elisa de grote zee. Op de golven schommelden elf zwanenveren.

Efter många dagar nådde Elisa det stora havet. På vågorna gungade elva svanfjädrar.

Toen de zon onderging, ruisde er iets in de lucht en elf wilde zwanen landden op het water. Onmiddellijk herkende Elisa haar elf betoverde broers. Maar omdat ze de zwanentaal spraken, kon zij hen niet verstaan.

När solen gick ner hördes ett sus i luften och elva vilda svanar landade på vattnet. Elisa kände genast igen sina förtrollade bröder. Men för att dom talade svanspråket kunde hon inte förstå dem.

Overdag vlogen de zwanen weg, maar 's nachts vlijden de broers en zus zich in een grot tegen elkaar aan.

In een nacht had Elisa een vreemde droom: Haar moeder vertelde haar hoe ze haar broers kon bevrijdden. Ze moest voor iedere zwaan een hemdje van brandnetels breien en het dan over hem heen werpen. Tot die tijd mocht ze geen woord spreken, want anders zouden de broers sterven.
Elisa ging gelijk aan het werk. Hoewel haar handen brandden als vuur, breide ze onvermoeid door.

På dagen flög svanarna bort, under natten kurade syskonen ihop sig i en grotta.

En natt hade Elisa en besynnerlig dröm: Hennes mor sade till henne hur hon kunde befria sina bröder. Av nässlor skulle hon sticka en skjorta för varje svan och dra den över den. Men tills dess får hon inte tala ett enda ord, annars måste hennes bröder dö.
Elisa började genast med arbetet. Trots att hennes händer sved som brända med eld stickade hon outtröttligt.

Op een dag klonken er in de verte jachthoorns. Een prins met zijn gevolg kwam aangereden en stond al snel voor haar. Toen ze elkaar in de ogen keken, werden ze verliefd.

En dag ljöd jakthorn i fjärran. En prins kom ridande med sitt följe och stod snart framför henne. När de såg in i varandras ögon blev de förälskade i varandra.

De prins tilde Elisa op zijn paard en reed met haar naar zijn kasteel.

Prinsen lyfte upp Elisa på sin häst och red med henne till sitt slott.

De machtige schatbewaarder was over de aankomst van het stomme meisje helemaal niet blij. Zijn eigen dochter zou de bruid van de prins moeten worden.

Den mäktige skattmästaren var allt annat än glad över ankomsten av den stumma vackra. Hans egen dotter skulle bli prinsens brud.

Elisa was haar broers niet vergeten. Iedere avond werkte ze verder aan de hemdjes. Op een nacht sloop ze naar het kerkhof om verse brandnetels te plukken. Daarbij had de schatbewaarder haar in het geheim gade geslagen.

Elisa hade inte glömt sina bröder. Varje kväll fortsatte hon att arbeta med skjortona. En natt gick hon ut till kyrkogården för att hämta färska nässlor. Samtidigt blev hon hemligt iakttagen av skattmästaren.

Zodra de prins op jacht was, liet de schatbewaarder Elisa in de kerker gooien. Hij beweerde dat zij een heks was die 's nachts andere heksen ontmoette.

Så snart som prinsen var på en jaktutflykt lät skattmästaren slänga Elisa i fängelsehålan. Han hävdade att hon var en häxa som mötte andra häxor på natten.

Bij het aanbreken van de dag werd Elisa door de bewakers opgehaald. Ze zou op de markt worden verbrand.

I gryningen blev Elisa hämtad av vakterna. Hon skulle brännas på torget.

Nauwelijks waren ze daar aangekomen toen plotseling elf witte zwanen aangevlogen kwamen. Snel gooide Elisa iedere zwaan een brandnetel-hemdje over. Al gauw stonden al haar broers als mensen voor haar. Alleen de kleinste, wiens hemdje nog niet helemaal klaar was, had nog een vleugel in plaats van een arm.

De hade knappast kommit fram när plötsligt elva vita svanar kom flygande. Snabbt drog Elisa en nässelskjorta över var och en. Snart stod alla hennes bröder framför henne som människofigurer. Bara den yngsta, vars skjorta inte hade blivit helt färdig, behöll en vinge istället för en arm.

Het omhelzen en kussen van de broers en zus was nog niet afgelopen toen de prins terugkeerde. Eindelijk kon Elisa hem alles uitleggen. De prins liet de boze schatbewaarder in de kerker gooien. En daarna werd er zeven dagen lang bruiloft gevierd.

En ze leefden nog lang en gelukkig.

Syskonens kramande och pussande hade inte tagit slut än när prinsen kom tillbaka. Äntligen kunde Elisa förklara alltihopa. Prinsen lät den elake skattmästaren slängas i fängelsehålan. Och sedan firade de bröllop i sju dagar.

Och så levde de lyckliga i alla sina dagar.

Hans Christian Andersen

Hans Christian Andersen werd 1805 in de Deense stad Odense geboren en overleed in 1875 te Kopenhagen. Door de sprookjes zoals "De kleine zeemeermin", "De nieuwe kleren van de keizer" of "Het lelijke eendje" werd hij wereldberoemd. Dit sprookje, "De wilde zwanen", werd voor het eerst in 1838 gepubliceerd. Het werd sindsdien in meer dan honderd talen vertaald en in vele versies o.a. ook voor het theater, film en musical bewerkt.

Barbara Brinkmann werd geboren in 1969 in München (Duitsland). Ze studeerde architectuur in München en is momenteel werkzaam bij de faculteit Bouwkunde van de Technische Universiteit van München. Ze werkt ook als grafisch ontwerper, illustrator en auteur.

Cornelia Haas werd geboren in 1972 in Ichenhausen bij Augsburg (Duitsland). Ze studeerde design aan de Hogeschool van Münster, waar ze als ontwerpster afstudeerde. Sinds 2001 illustreert ze boeken voor kinderen en jongeren en sinds 2013 doceert ze acryl- en digitale schilderkunst aan de Hogeschool Münster.

Marc Robitzky, geboren in 1973, studeerde aan de technische kunstschool in Hamburg en de Academie voor Beeldende Kunsten in Frankfurt. Hij werkte als zelfstandig illustrator en communicatie designer in Aschaffenburg (Duitsland).

Ulrich Renz werd geboren in 1960 in Stuttgart (Duitsland). Hij studeerde Franse literatuur in Parijs en geneeskunde in Lübeck, waarna hij als directeur van een wetenschappelijke uitgeverij werkte. Vandaag de dag is Renz freelance auteur en schrijft hij naast non-fictie ook boeken voor kinderen en jongeren.

Hou je van tekenen?

Hier vindt je alle illustraties van het verhaal om in te kleuren:

www.sefa-bilingual.com/coloring